Sylvanus Mulowayi Wa Kayumba

SAGESSE & INTELLIGENCE

Sylvanus Mulowayi Wa Kayumba

SAGESSE & INTELLIGENCE

Demeurer dans la Bergerie

Éditions Croix du Salut

Cover image: www.ingimage.com

Publisher:
Éditions Croix du Salut
is a trademark of
International Book Market Service Ltd., member of OmniScriptum Publishing Group
17 Meldrum Street, Beau Bassin 71504, Mauritius
Printed at: see last page
ISBN: 978-613-7-37509-9

SAGESSE &
INTELLIGENCE

SAGESSE & INTELLIGENCE

INTRODUCTION

« La sagesse ne crie-t-elle pas ? L'intelligence n'élève –t-elle pas sa voix ?

C'est au sommet des hauteurs près de la route, C'est à la croisée des chemins qu'elle se place ;

A côté des portes, à l'entrée de la ville, A l'intérieur des portes, elle fait entendre ses cris ;

Hommes, c'est à vous que je crie, Et ma voix s'adresse aux fils de l'homme.

Stupides, apprenez le discernement ; Insensés, apprenez l'intelligence. » Proverbes 8 :1-5

« Accorde donc à ton serviteur un cœur intelligent pour juger ton peuple, pour discerner le bien et le mal. » 1 Rois 3 :9

L'intelligence est la faculté de comprendre, de saisir la pensée ; c'est l'ensemble des fonctions mentales ayant pour objet la connaissance conceptuelle et rationnelle.

La sagesse est la qualité de quelqu'un qui fait preuve d'un jugement droit, sûr, averti dans ses décisions et dans ses actions. C'est une bonne gestion de l'intelligence.

Et là, nous devrions ajouter la notion de la réaction et de l'émotion.

La réaction est une contre-révolution qui ressemble à ce qui se passe dans le tennis de table ou dans un débat question-réponse.

Et de même, l'émotion est un effet d'étonnement qui peut aller au-delà de la capacité de continence et de réserve de sa victime et pouvant la pousser ainsi à mal réagir.

Mais dans la Parole de Dieu, la sagesse est liée à la crainte de Dieu comme il est écrit :

« Le commencement de la sagesse est la crainte de l'Eternel : » Proverbes 1 :7

Comme la crainte de Dieu implique habituellement l'obéissance à ses commandements, il n'y a pas de sagesse sans connaissance de Dieu.

« Voici la crainte du Seigneur, c'est la sagesse ; s'éloigner du mal, c'est l'intelligence » Job 28 :28

Et l'intelligence, est le fait de s'éloigner du mal que l'on voit venir de loin comme un aigle.

En retournant au livre des Proverbes au chapitre 8, au verset 2, nous voyons que la sagesse est à la croisée des chemins. Il nous la faut pour avancer.

C'est la béquille qui maque aux boiteux, les lunettes des myopes et la semence du pardon et de la réconciliation qui manque à ceux qui ne se parlent plus, à tous ceux qui ont arrêté de vivre ensemble pour une raison ou pour une autre.

Dans certaines circonstances de la vie, nous ne savons pas à qui nous confier car tout le monde a un problème mais notre Dieu, notre père Céleste est toujours là près de nous plus que jamais pour nous montrer la voie à suivre et nous donner la meilleure solution.

Déjà dans le jardin d'Eden, nous voyons comment Dieu va à la recherche de nos premiers parents après leur défaillance devant la ruse du serpent ancien.

Et plus tard en dehors du Jardin d'Eden, il s'approche de Caïn pour lui communiquer la sagesse dans sa méchanceté et sa rude haine de tuer son propre frère Abel dans une histoire que vous connaissez finalement mieux que moi.

Celui qui rejette le conseil du sage, se suicide sans le savoir ! Il faut écouter la voix de la sagesse et de l'intelligence. C'est alors que l'on pourra réussir dans la vie.

Savez-vous que votre vie ici-bas a une influence directe sur toute votre éternité ?

Soyez les bienvenus à l'Ecole de la Sagesse et de l'Intelligence divines.

La Fourmi du Seigneur

LA PLACE DE LA SAGESSE

Où peut-on trouver la sagesse ? Dans quelle école peut-on trouver la sagesse ? Où est le sage de ce siècle ? Où est l'intelligent de ce siècle ?

Elle se trouve :

- Au sommet des hauteurs près de la route,
- A la croisée des chemins,
- A côté des portes,
- A l'entrée de la ville ;
- A l'intérieur des portes et
- Aux oreilles des hommes avisés.

Il faut être avisé pour rencontrer la sagesse. Il faut la grâce de Dieu pour se faire inscrire à l'Ecole de la sagesse et de l'Intelligence.

DANS LES HAUTEURS

Il faut monter plus haut comme un aigle pour atteindre la sagesse de Dieu. Il faut être comme un aigle pour atteindre la sagesse qui vient de sa part.

Quand l'on vole ou lorsque l'on se retrouve dans un avion, et que l'on passe au-dessus d'une ville que l'on connaît, one ne sait rien voir de cette ville car la distance qui de séparation est tellement grande.

Il y a de gens que nous portons dans le cœur que nous ne savons pas voir physiquement car la distance ne nous le permet pas.

C'est ici l'école des aigles. Il faut monter, plus haut et plus haut encore. Il faut aller au-delà de la sagesse et de l'intelligence de ce monde pour trouver tous les trésors cachés en Christ.

Les hommes les plus intelligents et les plus riches de ce monde ont conçu avec un cœur de bête sauvage le Covid-19 pour nous arracher la vie qu'ils ne nous ont pas donnée.

« Béni soit, le Père de notre Seigneur Jésus Christ, qui nous a bénis de toute sortes de bénédictions spirituelles dans les lieux célestes en Christ ! » Ephésiens 1 :3

C'est dans les hauteurs divines, en Christ que nous sommes bénis de toutes sortes de bénédictions.

Parmi ces bénédictions des hauteurs se trouvent la sagesse et l'intelligence de Dieu.

Il est impossible de rencontrer cette sagesse dans les murs d'une classe ou dans une salle des fêtes.

« Tu diras : Ainsi parle le Seigneur, l'Eternel:
Un grand aigle, aux longues ailes, aux ailes déployées, couvert de plumes de toutes couleurs, vint sur le Liban, et enleva la cime d'un cèdre » Ezéchiel 17 :3

Il faut aller plus haut comme un aigle car, Dieu lui-même fait une métaphore avec l'aigle, qui est pourtant un animal impur mais à cause de Noé, il fut introduit dans l'arche.

Et Jésus est plus grand que Noé !

Cette sagesse est près des routes et non dans les routes. Il faut quitter sur la route des hommes pour entrer dans la sagesse de Dieu.

Il faut sortir du lot pour atteindre la sagesse divine. C'est ici le mystère de la mise à part.

Il faut quitter le courant des hommes pour entrer dans la voie de l'Esprit où le vent souffle d'on ne sait où et il va on ne sait où. Mais on ne peut que le sentir.

A LA CROISEE DES CHEMINS

A la croisée des chemins, on s'arrête et l'on réfléchit pour trouver quelle est la meilleure voie à suivre. Quand les choses vont bon train, personne ne pense à Dieu. C'est quand tout s'arrête d'un coup, que les hommes intelligents se posent la question de savoir pourquoi ça ne va pas.

En ville il y a un code de route qu'il faudra respecter tout le long du déplacement à pied, à vélo, en moto ou en voiture.

Il existe 3 types de panneaux de signalisation :

- Les panneaux d'indication,
- Les panneaux d'avertissement et
- Les panneaux d'interdiction.

Il y a aussi des feux de régulation de la circulation pour permettre aux uns et aux autres d'utiliser la chaussée sans créer des accidents.

Ainsi, nous avons :

- Le feu vert
- Le feu jaune et
- Le feu rouge.

Le strict respect des panneaux de signalisation et des feux de régulation diminuent sensiblement les risques d'accidents.

Je pense à Jacob qui aimait Rachel. Il l'aimait tellement qu'il trouva les 7 ans de travail que lui avait imposées son beau-père Laban pour dot, comme une semaine.

Et quand cette femme qu'il aimait tant ne pouvait pas lui donner des enfants. Il se retrouva à la croisée des chemins.

Il fallait recourir à la sagesse divine pour continuer la route. C'est Dieu qui est la vraie source de la sagesse et de l'intelligence.

C'est lui notre référence et notre solution.

Si les hommes étaient sages et intelligents, ils devraient tous croire en Jésus. Mais les voilà tâtonnant de jour comme de nuit.

Nicodème est passé à côté de la cette sagesse et de cette intelligence divine ce jour-là alors qu'une femme prostituée s'y accrocha et elle ramena ainsi toute la Samarie au Seigneur de toute gloire.

Saul pendant de longues années ne connaissait pas cette intelligence et cette sagesse divine.

Ce fut sur le chemin de Damas, qu'il croisa celui qui en détient les clés, Jésus-Christ.

Et dès lors, sa façon de voir les choses avait complètement changé et il devint celui que l'on connaît sous le nom de Paul.

« Lorsque j'étais enfant, je parlais comme un enfant, je pensais comme un enfant, je raisonnais comme une enfant ; lorsque je suis devenu homme, j'ai fait disparaître ce qui était de l'enfant » 1Cor. 13 :13

Sans le Seigneur Jésus, nous ne sommes que des enfants spirituellement car c'est par l'esprit que tout se passe.

« En vérité, en vérité, je te dis, quand tu étais jeune, tu te ceignais toi-même, et tu allais où tu voulais, mais quand tu seras vieux, tu étendras tes mains, un autre te ceindra, et t'amènera où tu ne voudras pas. » Jean 21 :18

La sagesse quand elle arrive, elle nous conduit dans l'obéissance et dans la crainte de Dieu et nous amène même là où nous ne voulons pas aller.

Notre sagesse a un Nom, elle s'appelle Jésus. Notre intelligence a un Nom, elle s'appelle Jésus. L'Ecole de la rencontre personnelle avec Jésus est celle de la sagesse et de l'intelligence de Dieu en passant par la foi en son Fils Unique.

Le problème à la croisée des chemins ne réside pas dans la situation y afférente mais bien dans le positionnement.

Si vous êtes devant Jésus comme Judas, vous allez vous suicider et si vous êtes derrière lui comme Pierre, vous allez vous repentir et reprendre le vrai chemin de la vie éternelle car la Parole de Dieu est comme une lampe à nos pieds.

« La Parole est une lampe à mes pieds ; et une lumière sur mon sentier » Psaumes 119 :105

J'ai eu à imiter mon père en faisant de longs trajets à vélo dans la nuit et je connais la valeur d'une lampe à vélo ou d'une simple torche.

Rouler sans lumière dans la nuit, c'est se faire adopter à l'école de Barthimée, fils de Thimée.

Même dans sa propre maison, quand il n'y a pas de lumière, tout devient âpre, acide et ennuyeux et l'on tâtonne comme un visiteur !

Notre lumière est dans la Parole de Dieu et nulle part ailleurs !

AUX COTES DES PORTES

Nous sommes passés à côté de la porte de Jésus-Christ, le Sauveur et le Seigneur de tous les hommes dans le passé. Et sa grâce nous a attirés vers lui.

Sans Jésus, nous passons à côté de la Vraie Porte. Jean 10 :1-21

Si Israël avait connu le temps de visitation, il y aurait très longtemps que ce peuple aurait arrêté avec toutes ces guerres qu'il mène jusqu'à ce jour.

Il est bien de frapper mais à quelle porte frappes-tu, mon bien aimé ? Il y a une et une seule vraie porte à laquelle on entre pour une rédemption éternelle.

Cette porte s'appelle Jésus-Christ.

Israël crucifia Son Roi sans le savoir et croyant libérer en lieu et place Barabbas, le bandit et meurtrier !

Combien de fois avons-nous fait de mauvais choix dans notre vie comme ce peuple juif ?

Nous avons frappé à la mauvaise porte et c'était celle du diable.

« Elle est venue chez les siens, et les seins ne l'ont point reçue. Mais à tous ceux qui l'ont reçue,

A ceux qui croient en Son Nom, elle a donné le pouvoir de devenir enfants de Dieu,

Les quels sont nés, non du sang, ni de la volonté de la chair, ni de la volonté de l'homme, mais de Dieu. » Jean 1 :12-13

Il est grand temps de tourner nos regards vers le Seigneur de toute gloire car sur ce chemin, même un aveugle ne s'y perdra pas.

On n'y marche pas avec les yeux mais avec la foi qui vient de ce que l'on entend et de la Parole de Dieu.

Sans la nouvelle naissance, il est impossible d'entrer par cette Porte Eternelle.

A L'ENTREE DE LA VILLE

Abraham était assis à l'entrée de la ville. Et il reçut en son temps les trois anges de Dieu, parmi lesquels, Dieu lui-même était inclus. Et cela lui donna l'enfant de la promesse.

Comment être au bon endroit en face de la bonne personne ?

Ceci ne dépend que de Dieu et de la foi que l'on a en son Fils Unique Jésus !

La sagesse de Dieu, n'est pas dans la ville mais en dehors de la ville.

Et même Lot en son temps, était aussi assis en dehors de la ville avant de rencontrer et accueillir les deux anges qui le sauvèrent du jugement de Dieu sur Sodome et Gomorrhe.

Et les deux anges avaient forcé Lot et sa femme ainsi que ses deux filles à quitter la ville avant que le châtiment de Dieu n'y soit exercé !

Il n'y a rien de sage et d'intelligent dans le monde.

Il n'y a rien de sage dans la coutume ou dans la tradition. La vraie sagesse dont nous avons besoin se trouve en Jésus-Christ.

Ce que l'homme appelle sagesse et intelligence, est bien limité car lui-même est incapable de résister devant le dernier rectangle.

Le Seigneur Jésus est entré à Jérusalem avec gloire mais il est mort en dehors de Jérusalem !

« Pilate fit une inscription, qu'il plaça sur la croix, qui stipulait ceci : Jésus de Nazareth, Roi des Juifs.

Beaucoup de Juifs lurent cette inscription, parce que le lieu où Jésus fut crucifié était près de la ville. Elle était en Hébreu, en Grec et en Latin. » Jean 19 :19-20

Nous avons été sauvés en dehors de la Ville de Jérusalem. Car la sagesse de Dieu est différente de celle des hommes.

Nous devons sortir du système des hommes pour entrer dans celui de Dieu.

« Ne vous conformez pas au siècle présent, mais soyez transformés par le renouvellement de l'intelligence, afin que vous discerniez quelle est la volonté de Dieu, ce qui est bon, agréable et parfait. » Romains 12 :2

Sans ce renouvellement de l'intelligence en Christ-Jésus, nous serions perdus tous sans exception.

Gloire soit rendue à Dieu au Nom de Jésus qui a fait de nous un Royaume des sacrificateurs !

A L'INTERIEUR DES PORTES

Il faut sonder les Ecritures pour comprendre la longueur, la largeur, la hauteur et la profondeur de la sagesse et de l'intelligence de notre Dieu.

Elles sont cachées et enfouies dans les portes de la crainte de Dieu.

Il faut recevoir le Seigneur Jésus-Christ comme Seigneur et Sauveur personnel dans sa vie pour bénéficier du don du Saint-Esprit qui va nous aider à sonder l'intérieur des portes pour nous amener dans la gloire avec la sagesse et l'intelligence de Dieu.

L'histoire de l'Enuque Ethiopien nous montre qu'il ne suffit pas seulement d'aller à Jérusalem ou de lire le Bible, mais plus encore, il faudrait rencontrer un homme de Dieu qui pourra vous montrer le chemin qui mène au vrai salut.

« Or la vie éternelle, c'est qu'ils connaissent, toi, le seul vrai Dieu, et celui que tu as envoyé, Jésus Christ. » Jean 17 :3

La vie éternelle est dans la connaissance de Dieu et de Jésus-Christ, l'Envoyé.

Et cela est impossible sans la puissance du Saint-Esprit.

Il y a un voile sur les yeux des hommes de ce monde.

Ils ont des yeux et ils ne voient pas.

Ils ont des oreilles et n'entendent pas ou ils entendent sans comprendre le plan du salut de Dieu.

« Mais la sagesse, où se trouve-t-elle ? Où est la demeure de l'intelligence? » Job 28 :12

Avec tout ce qui lui est arrivé dans sa vie, Job se posa une question extraordinaire sur l'adresse de la sagesse et de la demeure de l'intelligence.

La nature et les problèmes que nous rencontrons sur le parcours de notre vie peuvent nous enseigner la sagesse et l'intelligence d'une certaine manière, mais la vraie source du savoir est cachée en Dieu lui-même et en Lui tout Seul !

« L'homme n'en connaît point le prix, elle ne se trouve pas dans la terre des vivants. L'abîme dit : Elle n'est point avec moi ;

Et la mer dit : Elle n'est point avec moi. Elle ne se donne pas contre de l'or pur, elle ne s'achète pas au poids de l'argent ; » Job 28 :13-15

Les lieux et les hommes ne connaissent pas les portes de la sagesse et de l'intelligence divines. Seul Dieu en connaît la demeure.

« C'est Dieu qui en sait le chemin, c'est lui qui en connaît la demeure ; car il voit jusqu'aux extrémités de la terre, il aperçoit tout sous les cieux. » Job 28 :23

Notre Dieu voit mieux que l'aigle. Il voit et connaît tout le monde et toute chose. Car il en est le Créateur incréé.

« Quand il régla le poids du vent, et qu'il fixa la mesure des eaux ; quand il donna des lois à la pluie, et qu'il traça la route de l'éclair et du tonnerre, alors il vit la sagesse et la manifesta, il en posa les fondements et la mit à l'épreuve.

Puis il dit à l'homme, la crainte du Seigneurs, c'est la sagesse ; s'éloigner du mal, c'est l'intelligence. » Job 28 :26-28

La sagesse en soit, consiste à faire de bonnes choses en avance et l'intelligence c'est de comprendre lesdites bonnes choses.

L'intelligence c'est une réserve de potentialité ou d'aptitude mais la sagesse c'est le discernement dans l'action.

Supposons qu'un élève travaille très bien avec ou sans calculatrice en mathématiques. Nous dirons qu'il est intelligent.

Mais celui qui a inventé la calculatrice, a rendu des services nobles aux élèves, aux professeurs, aux banquiers et aux commerçants sans leur avoir demandé l'autorisation au préalable.

Ce dernier a de la sagesse. Il a entendu et il a compris le besoin des autres !

Tout a commencé quand :

- Dieu régla le poids du vent,
- Il fixa la mesure des eaux,
- Il donna des lois à la pluie et
- Il traça la route de l'éclair et du tonnerre.

Alors seulement il vit la sagesse et la manifesta, il en posa les fondements et la mit à l'épreuve. C'est l'œuvre de la création, l'harmonie avec laquelle notre Père Céleste a créé l'univers, démontre à suffisante qu'il est le Représentant Légal et exclusif de la sagesse et de l'intelligence.

Jésus le dit à Marie et à Marthe, qu'il est la résurrection et la vie.

Il connaît les lois des origines, de la création, de la vie, de la mort, de la résurrection et de l'éternité et rien ne lui échappe.

Il connaît toute chose, toute vie et tout esprit.

Et tout cela il l'a fait par la puissance de Sa Parole !

La sagesse c'est voir les choses de loin et les mettre en harmonie.

C'est Dieu qui régla le poids du vent. Il faut une balance pour régler le poids des corps. Mais le poids du vent, qui peut nous le donner.

Avec quelle machine peut-on calculer le poids du vent et le régler ?

« Le vent souffle où il veut, et tu en entends le bruit ; mais tu ne sais d'où il vient, ni où il va. Il en est ainsi de tout homme qui est né de l'Esprit. » Jean 3 :8

Nicodème était un docteur de la loi en Israël et ne connaissait pas ces choses !

Mais toi, tu as la grâce de comprendre ou d'entendre ces révélations sur la sagesse et l'intelligence divines.

Il est parti de chez lui de nuit pour aller comprendre les mystères du Royaume des cieux.

Mais ce fut un exercice trop difficile pour lui.

Si un docteur des juifs, de ce peuple à qui appartiennent la loi, les promesses et les bénédictions de Dieu n'a pas pu cette nuit-là comprendre les mystères du Royaume des cieux, à combien plus forte raison toi et moi, venant des nations et des extrémités de la terre ne pourrions pas comprendre les mystères de la sagesse et de l'intelligence divines ?

Il existe des appareils appelés manomètres qui peuvent bien régler la pression de l'air dans les systèmes pneumatiques. Mais cela n'est possibles qu'en utilisant des flexibles. Et notre Dieu régla le poids du vent sans tuyaux et sans manomètre.

Savez-vous que sur la lune il n'y a pas d'air et que le drapeau américain y placé ne bouge pas !

La seule planète sur laquelle l'homme, l'animal et la plante peuvent vivre, ce n'est que cette terre dans tout l'univers.

Ils ont partis à la lune et ils ont vite compris qu'ils devraient retourner sur la terre.

Si la lune avait des meilleures conditions de vie, ils devraient y rester comme nos frères et sœurs fuient l'Afrique pour aller en Europe, aux Etats-Unis et au Canada.

Certains ne rentrent pas car il y fait beau vivre. Il paraît que là, on paie même le chômeur alors qu'ici chez nous celui qui travaille est mal rémunéré !

C'est Dieu qui fixa la mesure des eaux ! A cet effet, il faut des récipients, des tuyaux et des pompes ainsi qu'un débitmètre pour fixer la mesure des eaux, mais dans sa sagesse et dans son intelligence divine, il fixa tout cela par la puissance de Sa Parole.

C'est encore lui qui donna des lois à la pluie et aux saisons. Et tout cela par la puissance de Sa Parole.

Il traça la route pour l'éclair et pour le tonnerre dans le ciel je ne sais avec quel type d'instrument de dessin.

J'ai eu la grâce dans ma jeunesse de faire le dessin industriel et il faut une latte, un compas, un crayon, une gomme et une feuille avec une table appropriée pour faire un bon dessin.

Mais mon Dieu, juste par la puissance de Sa Parole, il a tracé la route à l'éclair et au tonnerre dans le ciel.

Qui est semblable à lui ?

C'est lui qui a dans son intelligence et dans sa sagesse, selon la loi de Son bon vouloir, résolu de nous donner Jésus pour nous octroyer une rédemption éternelle !

LA SAGESSE CRIE AUX OREILLES DES HOMMES AVISES

La sagesse divine et son intelligence sans fin crient aux oreilles des hommes avisés comme il est écrit :

« Pendant qu'il est dit : aujourd'hui, si vous entendez sa voix, n'endurcissez pas vos cœurs comme lors de la révolte. » Hébreux 3 :15

La foi vient de ce que l'on entend de la Parole de Dieu.

« Qui a cru à c qui nous était annoncé ? Qui a reconnu le bras de l'Eternel ? » Es. 53 :1

Les œuvres de Dieu sont manifestes, mais les hommes sont devenus insensibles à la vertu et à la justice de Dieu !

La chose divine n'est pas une chose à forcer. Seulement, nous ne devons pas laisser les autres personnes aller dans la perdition.

« Ayant entendu parler de Jésus, Elle vint dans la foule par derrière, et toucha son vêtement » Marc 5 :27

C'est le témoignage des autres qui a amené cette femme qui souffrait d'un flux de sang pendant 12 ans à venir vers Jésus.

Nous sommes témoins de ce que le Seigneur Jésus a fait dans notre vie et dans celle des autres.

Nous n'avons pas le droit de priver les autres à venir puiser et boire gratuitement de l'eau à la source d'eau vive.

La samaritaine ne garda pas cette expérience à elle toute seule.

Elle courut et partit vers les habitants de sa ville pour leur dire que quelque chose s'était passé dans sa rencontre avec le Seigneur Jésus et que les autres devraient aussi expérimenter la chose.

Les lépreux en dehors de la ville avaient vu la main puissante de Dieu et ils sont venus annoncer cette bonne nouvelle à ceux qui l'ignorait.

Qu'as-tu fait de la divine visitation dans ta vie pour ceux de ta famille, de ton quartier et de la société dans laquelle tu vis ou tu es encore cet enfant de Dieu qui a honte de parler de son père !

« Allez et faites de toutes les nations mes disciples, les baptisant au nom du Père, du Fils et du Saint-Esprit, et enseignez-leur à observer ce que je vous ai prescrit. Et voici, je serai avec vous tous les jours, j Jusqu'à la fin du monde. » Mathieu 28 :19-20

« Cette Bonne Nouvelle du Royaume sera prêchée dans le monde entier, pour servir de témoignage à toutes les nations. Alors viendras la fin. » Mathieu 24 :14

Nous retardons le Seigneur à venir pour l'enlèvement car il y a quelque chose que nous devrions faire avant son retour glorieux sur les nuées afin de prendre Son Epouse, l'Eglise Corps du Christ.

Le tout dernier signe de la fin ce système des choses est l'évangélisation des nations.

Dieu nous veut une église en dehors des quatre murs. Nous devons devenir des moissonneurs du Seigneur car la moisson est grande et il y a peu d'ouvriers.

Il n'y a pas de formation spéciale pour devenir un témoin du Seigneur Jésus. Il suffit seulement de raconter aux autres les choses qu'il a faites dans ta vie ou dans celle des autres.

Même dans la justice de ce monde, un témoin qui essaie de faire obstruction à la justice peut être poursuivi pour faux témoignage.

Nous vous prions de dire les choses de Dieu telles qu'elles se sont produites dans votre vie personnelle et dans celle des autres.

Ne laissez pas les autres dans l'ignorance car la fin du monde est une réalité divine de Dieu.

Le jugement dernier est une évidence divine et la seconde mort en est aussi une pertinente réalité, par surcroît.

La servante de Naman, n'a pu se retenir dans la maison de son maître qui souffrait de la lèpre, de cette maladie honteuse et répugnante.

Elle rassembla son courage et partit vers la femme de son maître pour lui annoncer la Bonne Nouvelle.

J'ai une bonne nouvelle pour toi, mon frère et pour toi, ma sœur : Jésus revient bientôt.

Aujourd'hui si tu entends sa Parole, n'endurcit pas ton cœur. Il est mort pour toi à la croix du Calvaire pour te racheter du péché et te donner la vie éternelle !

Au lieu de jeter du feu sur les membres de ta famille qui ne connaissent pas encore le Seigneur, vas vers eux et raconte-leur les bonnes choses qui sont cachées dans la sagesse et l'intelligence de Dieu car toi aussi, tu étais comme l'un d'eux.

CONCLUSION

« Et comme il est réservé aux hommes de mourir une seule fois, après quoi vient le jugement... » Hébreux 9 :27

La vraie sagesse, la vraie intelligence est la crainte de Dieu et se détourner du mal. On ne peut pas prétendre connaître Dieu, lui appartenir et le servir dans la désobéissance et sans aucune crainte.

C'est de l'anarchie !

La sagesse c'est de suivre le Seigneur Jésus tous les jours de sa vie. Un enfant de Dieu sage et intelligent est impliqué dans le salut des âmes.

Il est fidèle à la Parole de Dieu et il passe beaucoup de temps dans la méditation de la Parole de Dieu.

Il ne ferme pas sa bouche alors que les autres vivent dans la perdition. Souvenez-vous de Jonas, il garda silence et exposa tous ceux qui étaient avec lui dans le navire.

Il préféra fuir loin de la présence de Dieu et provoqua de sérieux problèmes aux innocents trafiquants de Tarsis.

Ces pauvres voyageurs devraient mourir sans savoir la vraie cause de leur naufrage !

Un homme de Dieu, un serviteur de Dieu infidèle et rebelle peut provoquer la mort de plusieurs innocents dans la famille ou dans la société dans laquelle il vit.

Peut-être vous êtes la cause lointaine ou proche du naufrage de votre famille ou de la société dans laquelle vous vivez.

Il est grand temps que vous preniez la sage décision de servir Dieu dans la crainte et en s'éloignant du mal.

Cela serait la meilleure façon de rendre hommage à la sagesse et à l'intelligence de Dieu.

L'intelligence se réfère à la loi et aux hommes mais la sagesse dépend de Dieu lui-même.

Quand Rebecca, la femme d'Isaac devint enceinte, il y avait un mouvement en son sein.

Les 2 fœtus se bagarraient dès le sein de leur mère. Elle pouvait bien aller voir un médecin ou une sage-femme selon l'intelligence des hommes.

Mais devant cette croisée des chemins, elle partit consulter la sagesse divine. Et Dieu lui révéla qu'elle avait en son sein : 2 nations et que le plus petit prévaudra sur le plus grand.

A la tombe de Lazare, selon l'intelligence de la loi et celle des hommes, il puait déjà et Jésus vint en retard. Mais selon la sagesse divine, Lazare dormait.

Encore faudra-t-il ajouter que l'intelligence de la loi et des hommes nous interdit de parler aux morts. Mais par la sagesse divine le Seigneur s'adressa à Lazare endormi et lui donna l'ordre de sortir quoiqu'étant bandé et certaines parties de son corps étant déjà en décomposition.

A la piscine de Bethesda, un homme malade depuis 38 ans reçut la grâce et la divine visitation de se lever et de marcher un jour de Sabbat.

Selon la loi et l'intelligence des hommes, on ne peut pas faire de miracle un jour du Sabbat mais Jésus, la Sagesse de Dieu manifestée, donna l'ordre et le paralytique se leva, prit son lit et marcha en ce jour du Sabbat !

La sagesse de Dieu nous fait entrer dans le surnaturel. Dans les choses que l'œil n'a pas vues et que l'oreille n'a pas entendues ; des choses qui ne sont pas montées au cœur de l'homme et que Dieu a réservées pour ceux qui l'aiment.

Nous ne pouvons pas nous taire devant une pareille visitation de Dieu. Nous devons aller vers les autres et les inviter à nous joindre dans la moisson du Seigneur.

Parole Du Seigneur

L'Auteur

L'AUTEUR

Sylvanus Mulowayi Wa Kayumba, détenteur d'un diplôme en mécanique des fluides de l'Ecole des Ingénieurs Allemands et de deux diplômes en théologie, l'un en français et l'autre en anglais, Polyglotte et Assermenté et Expert Consultant, Aumônier et Prédicateur de la Parole de DIEU, a appris à avoir de l'égard pour le faible.

Co-fondateur dans les années 1995 du Culte Anglophone de Lubumbashi, co-fondateur de MIREGNA, le Ministère du Réseau Global pour la Nouvelle Alliance, dans la ville de Kinshasa et Présentateur de l'émission chrétienne 'Only Jesus', passe beaucoup de temps à écrire sur la vie sociale, le divin et l'imaginaire.

Sa passion est pour les idées nobles, le travail bien fait et l'amour du beau. Il a consacré près de la moitié de sa vie à visiter les malades et les prisonniers.

Une chose est vraie, c'est que tout homme a le droit d'aimer, d'apprécier et de penser.

Son rêve est de rassembler la brise et la tempête dans un même lit et sous un même drap pour un même rêve de voir ce monde plein d'amour et de pardon.

L'Auteur

Sylvanus Mulowayi Wa Kayumba
You Tube : Dasylvah Only Jesus
Tél : +243822115265/850791792
Kinshasa/RDC

TABLE DES MATIERES

Printed by Books on Demand GmbH, Norderstedt / Germany